U0947104

園林賦

An Ode On The Chinese Garden

〔美〕陈　劲　著
Jin Chen

上海人民出版社

中華園林文化

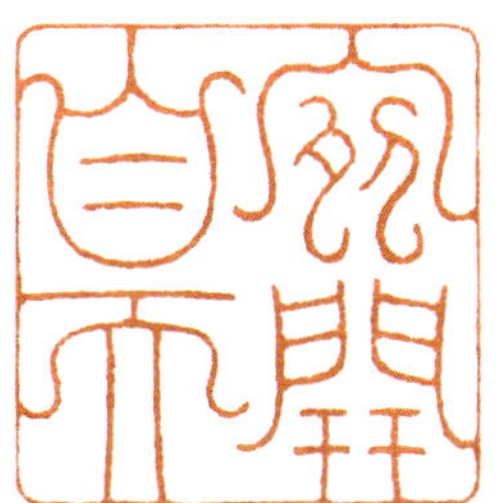

目　录

Contents

Preface

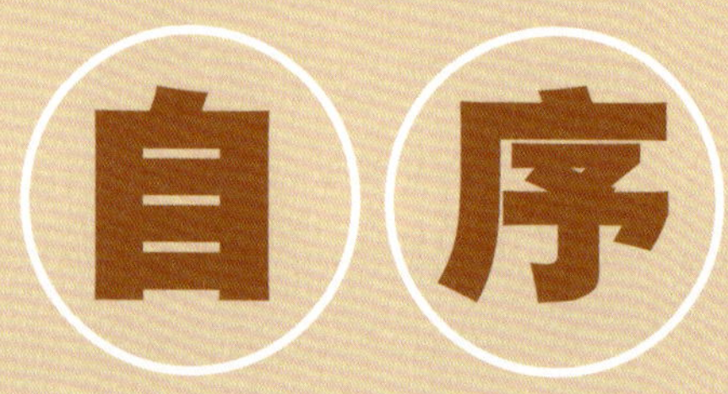

——中国文化艺术之三绝：诗词、书法、园林

詩情畫意

从文化美学的视角来看，最能代表中国文化绝美而独步宇内的艺术是：诗词、书法和园林。这三项文化艺术都拥有三千余年的悠久历史，它们代表和体现了中国文化艺术的至高境界和艺术精神。

诗词，从周朝的《诗经》到唐诗宋词，以最凝练真切的语言艺术状写了中国人的情感内涵和心灵世界。书法，从商周的钟鼎文，秦汉的篆隶，直到晋唐的草行真，以最抽象多变的点画艺术表现了中国人的审美情趣和心性灵境。园林，从夏商周的灵台苑囿到明清的皇家宫苑和私家园林，以最具诗情画意的空间艺术展示了中国人最理想的生活方式和人文环境，是融合物质文化和精神世界于一体的“世外桃源”。中国园林蕴含着曲水之情、山石之势、花木之容、亭榭之幽，是一个诗意栖居的天地。

文化美学和艺术的精髓在于抒发人的情感，启迪人的神思，表现人的意趣。“蒹葭苍苍，白露为霜；所谓伊人，在水一方。溯洄从之，道阻且长；溯游从之，宛在水中央”（《诗经·国风·蒹葭》），描绘出意境朦胧，情思洒落，神驰意往的浪漫天地。“结庐在人境，而无车马喧。问君何能尔，心远地

自偏。采菊东篱下，悠然见南山。山气日夕佳，飞鸟相与还”（晋代诗人陶渊明《饮酒》），表达出高情远趣，物我合一，悠然自在的超然心境。“空山不见人，但闻人语响”，“明月松间照，清泉石上流”，“月出惊山鸟，时鸣春涧中”，“江流天地外，山色有无中”，唐代诗人王维的诗句，蕴含着诗中有画，神与物游，飘逸高蹈的禅机理趣。“人有悲欢离合，月有阴晴圆缺，此事古难全。但愿人长久，千里共婵娟”（宋代苏轼《水调歌头·明月几时有》），抒发出情理交融，时空宏廓，境界壮美的旷达情怀。中国诗词融诗情、画意、哲理于一体，富于声律声情，字字珠玑，言情写景或动天地，或感鬼神，或荡心灵，生动地描写出万象之变、万物之美和万情之境，代表了语句凝练、语意蕴奥、语境传神的中国语言艺术，无愧为一个“诗的国度”。

晋代书家王羲之的《兰亭序》，从容娴和，妍美流便，遒媚奇丽，逸笔天成，流芳千古之神韵。唐代书家颜真卿的《颜勤礼碑》，法度端庄，宽润疏朗，雄浑豪迈，雍容大方，正气饱满之神风。唐代草书家怀素的《自叙帖》，寓情于书，行笔酣畅，鸾飘凤泊，遒劲天真，骏快飞扬之神气。宋代书家米芾的《多景楼诗帖》，真气弥漫，笔墨淋漓，纵横恣肆，风姿雄迈，境深意远之神笔。汉字是中国文化的基因。中国书法是一种结合汉字的结构变化与汉语的语境意蕴，通过笔墨的点画韵致来书写的独特视觉表现艺术。它诠释出“澄怀味象”“道器合一”和“书为心画”的中国艺术特征。

中国园林，合乎自然，邻于理想。留存至今的园林以明清时期的为主，如杰出的皇家园林北京颐和园与承德避暑山庄，经典的私家园林苏州拙政园和留园等。它们集中体现出中国园林最显著的艺术特征：因地制宜，小中见大，曲径通幽，巧于因借，诗情画意，宛自天开。信步盘桓于园林之中，使人“顿开尘外想，拟入画中行”（明代造园家计成《园冶》）。

诗词、书法和园林三大文化艺术，洵美在含蓄与隽永，蕴含丰富的人文气息和大美的艺术品质，最能体现中国人的人格气质和精神旨趣——一种诗性的气质和情趣，是中国文化艺术中的三绝，世界文化艺术珍宝，举世无双！

中国造园历史悠久，商周已见端倪，秦汉已渐完善，唐宋已趋成熟，明清已达鼎盛。中国古典园林是中国人传统的居住生活、休闲游乐、观赏雅集和寄情抒怀的空间载体，是历朝历代社会的物质、技术和艺术以及哲思理趣的综合体现，是中国传统文化的重要代表和组成部分。吾师中国园林艺术家陈从周先生说过，“我国古典园林代表了它的那个时代的面貌，时代的精神，时代的文化”。中国幅员辽阔，历史悠久，文化恢弘。作为中国社会物质和精神发展的集大成之体现者，中国园林在历史的不同时期和不同地域，造就了丰富多彩的园林形式和艺术成就。中国园林涉及众多方面，在工程技术方面包括建筑桥梁、园艺植物、叠山理水和土建工程；在文化艺术方面包括书画艺术、美学思想、诗文戏曲、匾额楹联和家具陈设等。以上诸方面都各成体系，因此中国园林是一个庞大的系统工程和综合艺术。

笔者从事造园多年，游心于中国园林艺术之中，撷英拾花，一时兴会，遂笔以传统诗文形式写就拙文《园林赋》一篇，以聊抒愚者对中国园林之情怀，畅叙其辉煌，咏叹其精妙。在本书中配以白话释文，并将笔者自书此赋的行书册影印其后。今敢付梓，唯愿“抛砖引玉”，与方家共穷览极观中国园林艺术之真趣，并求教于同好。

鉴于中国文化艺术博大精深，此序中所提出的中国文化艺术之“三绝”，仅为笔者千虑一得之见，聊资商榷和指正！

是为序。

冶园道人　二零一九年春于美国

园林赋

An Ode on the Chinese Garden

余久资园林，业游未倦，心存山水，颐情志于中华园林之艺事，畅怀于园林之精雅与意趣。究园史，谈风月，乐造园，赏题咏楹联之抒情与绘景，欣于所遇，盎然自足。中华之古文诗词，文辞清绝，语韵优美，言简意深。园林得诗文而意彰，故余特以古诗文遂作斯赋，以览其渊源之流长，述其品类之繁盛，观其意趣之精妙，咏其生机之高玄。景虽出兮而境不止，言虽尽兮而意无穷！

中华园林，三千年史，道法自然，生生不息，

世界园林之菁华。何以言之？其虽由人作，宛自天开也；诗情画意，境界至高也；壶公天地，蕴涵乾坤也；中华艺术集大成之体现者也。猗与休哉！

始于台榭，以窥天鉴地，崇拜山岳，沟通天人。夏桀瑶台，商纣鹿苑，周王灵囿，楚之章华，吴之姑苏，是帝王苑囿之滥觞也。秦汉上林苑，建章宫宇，一池三山，兴游六艺于一囿。魏晋芳林园、华林园、仙都苑，五色景阳，九华台阁、五岳四海、水殿云楼，有若人间之仙境。隋唐西苑、曲江池、华清宫，风亭月观、流泉曲水，骊宫别馆，嵯峨金阙，华殿相望而不绝。北宋艮岳，天造地设，奇石异花，古今之胜，拟入山水画中行。南宋西湖，十景似珠，形胜景秀，水光山色名天下。元大都太液池琼华岛，环池宫观，岧峣璀璨。明清北京三山五园：香山静宜园、玉泉山静明园、万寿山颐和园、圆明园、畅春园，又承德避暑山庄，移天缩地，大中见小，园中有园，荟萃南北园林之英华。

士大夫营造庭园，开私家园林之先河。西汉董贤之宅园，山池楼台，

穷尽雕丽。西晋石崇之金谷园，泉流石注，茂林繁花，亭台楼阁，极尽奢华。东晋顾辟疆之园，修竹怪石，池馆山林，名胜吴中。魏晋风流，栖迟丘壑，心寄玄远，至乐朴真。竹林七贤，枕石漱流，高蹈遁世。兰亭雅集，曲水流觞，右军作序，畅叙幽情。陶潜归田，静念园林，采菊东篱，悠然自乐。大唐诗画兴盛，造园初得诗情与画意。王维之辋川别业，白居易之庐山草堂，乃文人诗画山水园林之鼻祖。洛阳名园，西湖十景，扬州画舫，吴兴莲庄，沪上豫园，姑苏沧浪。江南园林甲天下，苏

州园林甲江南。沧浪亭，石亭廊窗，古木碕岸。网师园，水阁竹轩，小巧精雅。狮子林，真趣亭阁，溪环石映。拙政园，山池环宇，疏朗有致。留园，曲廊通幽，庭峰竦秀。艺圃，广榭曲院，山水雅静。藕园，两园相映，山亭峥嵘。环秀山庄，奇礓岑崟，妙趣天成。遗存二十余苏州宅园，尽显小巧玲珑，幽明淡雅，书卷气息。

不涉园林，怎知意趣如许！真景物，真情感，真境界，中华园林俱而有之。一空亭，一雅院，承揽山水之韵致，风月之万象。满园春色皆如画，小庭夏荫透淡香；一池秋水迎月夜，半树冬影照粉墙。廊引人随，凭栏待月，动观静观景自出。幽溪曲径，平湖广榭，奥如旷如于有致。假山楼阁，竹影松风，造景借景两相宜。山亭柳梢，小桥岸矶，仰观俯观随景移。一枝窗外疏影斜，藏景露景耐寻味。月到风来池亭上，虚实相生现空灵。万顷湖水裁一角，千仞奇峰剪片山，小中见大贵自然。春花秋月洒闲庭，蕉叶残荷留雨声，有形无形予阴阳。桃柳含露，兰桂

吐芳，菊梅负霜，四时之景皆不同。咫尺园林，步移景异，别有洞天。花疏、月淡、水清、石朴、桥巧、室雅，花香、鸟语、云影、树影、风声、水声，实景虚景交织成趣，诗情画意盎然而生。赋诗度曲，观鱼濠上，盈亭皓月，触情俱是，醉人心目，赏心乐事在庭园。

中华园林之殊胜，在于其含蕴山水之气，四时之变，亭台之美，诗画之意，天人之合。巧于因借，精在体宜，真趣犹存矣！盘桓于园林亭榭之中，倡佯于山石池沼之上，俯仰于清风明月之间，流连光景，佳趣盎溢，

题咏匾联，增色意境，岂不乐哉？结庐人境，清远闲放，养心任物，陶冶情操，适意为悦，终优游以养拙。

先贤哲人无不在乎山水灵趣。老子曰：“人法地，地法天，天法道，道法自然。”庄子曰：“山林与，皋壤与，使我欣欣然而乐与。”孔子曰：“知者乐水，仁者乐山。”顺物自然，遂志山林，含道暎物，澄怀味象，钟灵毓秀，乃中华文化之根本，人文精神之所依。天地山川，幽远之意，人神之道，生命情怀，园林之英得其质也。人间阆苑，逍遥徜徉，悦志畅神，慰藉心灵，做人外之清游。

园林与，则与天地相知，与山水相依，与风月相伴，与情思相随，与心灵相映。园林乃精神之家园，使心灵得以回归：回归于自我，回归于自然，回归于自由，回归于自安！身心于园林，可体悟时空之悠旷，天地之壮美，生命之不息。无拘园界，游目骋怀，心怡超越。凡此诚乃中华园林艺术魅力无穷之所在，生命精神之所存也！

二零一八年元月岁在丁酉仲冬，撰文于海上知然居。二零一九年四月岁在己亥暮春，定稿并书于美国。

冶园道人　陈劲

释文

Elucidation

从事园林设计和建造已经多年，本人没有感到厌倦，因为心中保持着对林泉丘壑的情趣，又钟爱中国的园林艺术，并且尽情享受园林的精美雅致和意境。研究园林历史，谈论清风明月，乐于建造园林，鉴赏园林中那些抒发情怀和描绘意境的题咏楹联，陶醉于其中心里不时感到高兴和满足。中国古典文章和诗词以简练的文字、清新的修辞和优美的语韵，表达深邃精微的思想感情和境界。中国古典园林融合古文诗词的艺术，从而更加衬托出园林的意境和情趣。因此本人特意用传统诗文的形式撰写成此赋，目的是博览悠久而辉煌的中国园林历史，概述品类繁多的园林形式，纵观园林意趣的精妙之处，咏叹园林中生机盎然的禅机理趣。景致虽然彰显出来，而意境却深刻奥妙；文辞虽然表达清楚，而含意却耐人寻味。

中国造园的历史已经有三千余年，始终以崇尚自然与融合山水为旨趣，形成了生机盎然、不断发展的园林面貌，在世界园林之中独树一帜，绽放异彩。为什么这样说？因为中国园林虽然是人工建造的环境，却展现出有若自然、一任天机的特质。中国园林蕴含诗的情趣和画的意境，从而具有激发人生感悟，提升思想情操，达到沁人心脾、豁人耳目的艺术效果。中

国园林以小中见大、以少胜多的造园手法，在有限的空间之内呈现出天地万物的气息。中国园林集中体现出华夏文化艺术的精髓和内涵，真是美妙啊！

中国古典园林最初是以台榭的形式出现的，主要用于帝王祭祀天地，拜谒山岳，沟通人与自然。夏代君王桀建有琼宫瑶台，商代纣王建有鹿苑，周代文王建有灵台、灵囿和灵沼，楚国灵王建有章华台，吴国阖闾王建有姑苏台。这些都是先秦时期帝王兴建的以休闲游乐为主要目的的园林场所，它们开启了古典皇家苑囿台池园林的先河。秦始皇建上林苑和阿房宫，汉武帝在上林苑基础上开凿“一池三山”，即太液池和蓬莱、方丈、瀛洲三座“海中仙山”的园林格局，并建造了建章宫和亭台楼阁，构建出一座可以进行传统“六艺”活动的大型苑囿。魏明帝建造的芳林园，用五色巨石筑景阳山；东晋后赵石虎建华林园，筑九华台和飞阁；北朝齐后主建仙都苑，在苑中封土筑成五

个山岛，汇集河池为四个水域，构成“五岳四海”的园林格局，在苑内建水殿和云楼等，形成一座仿佛人间仙境的宏大园林。隋炀帝建西苑，唐玄宗建曲江池，唐太宗建华清宫。风亭月观随机而成，曲江池曲水柳岸，华清宫温泉溪流，长安城宏伟华丽，宫殿别馆秀山丽水融为一体，层出不穷。北宋徽宗赵佶构建大型园林“艮岳”，筑山水楼台，集奇石异花，揽古今之胜于一园，仿佛是天造地设一样的奇妙，犹如走进一幅山水画长卷之中。南宋建都于临安，构建和完善了以西湖为中心的园林，形成了“西湖十景”：苏堤春晓、曲院风荷、平湖秋月、断桥残雪、花港观

時空

鱼、柳浪闻莺、三潭印月、双峰插云、雷峰夕照、南屏晚钟。西湖的水光山色别饶胜趣，名扬天下。元朝建都于今日的北京地区，皇家园林以紫禁城西面的太液池为中心，并沿用“一池三山”的格局，建造了北海内的琼华岛和团城岛，中海内的犀山台岛。其中琼华岛是“三海”（中海、南海、北海）中最大和最华丽一个人工岛，殿阁浮盈，松柏隆郁，杨柳垂荫，好似京城里最耀眼的“一颗明珠”。明清时期帝王建造的皇家园林以北京的“三山五园”为代表，即香山静宜园、玉泉山静明园、万寿山颐和园、圆明园、畅春园，又在承德建造了宏伟的避暑山庄。这些大型园林因地制宜地将园林与自然山水完美结合，同时借鉴了历代帝王苑囿的形制，凝集了江南园林及北方园林的精华，以大中见小、园中有园的格局，创造并展现了中国园林艺术的辉煌成就。

中国古代的士大夫是帝王之下的官吏，他们无法像帝王那样修建宏大的帝王苑囿，却可以在自己的府邸建造庭园，从而开启了中国私家园林的兴盛。西汉大司马董贤所建宅园，楼阁台榭精雕细刻，山池花木绚丽多彩。西晋官吏石崇富甲一方，所营建的金谷园里有清溪池沼，茂林繁花，鸟鸣鱼跃，建造的亭台楼阁极尽华丽。东晋顾辟疆在苏州建辟疆园，竹林茂盛，怪石繁多，池馆山林之美当时号称吴中第一。魏晋时期的士大夫风流倜傥，崇尚隐逸山林、心寄玄远和返璞归真的生活方式。“竹林七贤”，嵇康、阮籍、山涛、向秀、刘伶、王戎、阮咸，时常文会于竹林，放浪不羁、肆意酣畅地抒发情怀。东晋书法家王羲之集文人雅士四十余人修禊于绍兴的会稽山兰亭，流觞于曲水之上，赋诗饮酒，畅叙幽情。王羲之为诗集作序并书写出天下第一行书《兰亭序》。东晋田园诗

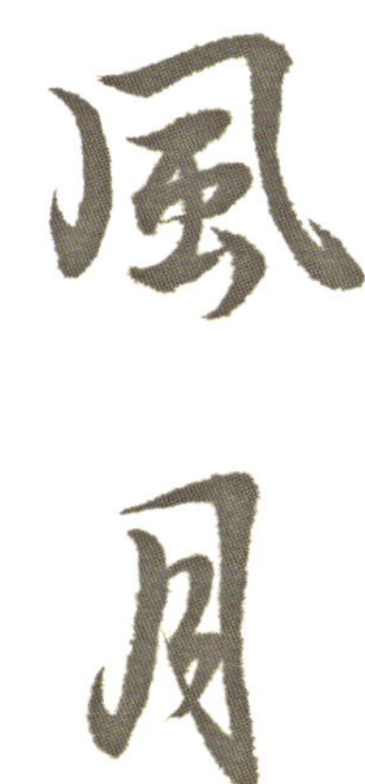

人陶渊明想念田园生活，回归于山水之间，采菊东篱下，悠然自乐于大自然之中。唐代中国诗画兴盛起来，造园开始融合诗情与画意。集诗词与绘画艺术于一身的王维在蓝田建造辋川别业及其二十景致，诗情画意融合于其中。大诗人白居易在庐山构筑草堂，聊胜于山水林泉之中。他们的园林成为中国文人诗画山水园林的鼻祖，开启和推动了日后文人园林的发展和兴盛。洛阳名园不止十九座，西湖十景环湖似珠，扬州画舫连通湖上庭园，吴兴两座莲花庄文脉相连，上海豫园甲于东南，苏州沧浪亭独领吴中文人园林之风。江南园林名甲天下，苏州园林名胜江南。现有遗存下来的苏州私家园

林有二十余处，各具特色，别有洞天。沧浪亭，曲廊花窗临河石岸而筑，沧浪石亭古朴厚重；网师园，一瓢镜池，水阁竹轩临于池上，小巧而精雅，以少而胜多。狮子林，高墙围出一片天地，真趣亭和问梅阁隐于假山之上，怪石奇姿映照于池沼之中。拙政园，以山水为中心，亭榭堂馆随山池而错落有致，景色疏朗而清丽明洁。留园，曲径通幽连接庭园，山房仙馆华瞻俊丽，太湖石峰雄秀美资。艺圃，延光水榭临于池上，小庭小院隔而不断，山水一片雅静。藕园，布局巧妙，东西两园互相呼应，假山池亭峥嵘多姿。环秀山庄，湖石假山峰峦峭立，洞涧空灵，万壑叠嶂宛

若天成。所有这些苏州私家园林，彰显着江南文人山水园林的小巧玲珑、幽明淡雅和书卷气息的特征。

“园日涉以成趣。”如果不游览于园林之中，怎么能知道里面的意境和妙趣呢？园中自有真景物，自含真情感，自存真境界。一座空灵的亭子，一座雅致的庭院，可以让人观览山水的韵致和春风秋月的万象变化。春天的园林新绿盎然，繁花争艳，景色如画；夏天的小庭院垂荫满庭，淡香飘荡；秋天的园池水面如镜，迎来皎洁月色；冬天的白雪白墙映衬着树影，照映出别致的景象。园内的游廊引导游人的观景路线，步移景异。登楼凭栏观赏景色，静待月夜的变化，动观与静观会出现不同的景致。幽深的溪水和曲折的步道，与开阔的水面和开敞的水榭，空间意境有深奥、有旷朗，富于变化。人造的真石假山和楼馆建筑，借

自然的修竹繁影和松涛清风，使两者相互映衬而宜人。花窗墙外透来的花木剪影引人窥探，隐藏的景致与显现的景观都耐人寻味。明月高悬于园池边的亭子上，清风徐徐吹来，虚实互动，格外空灵。园里的池塘好似从万顷的湖泊裁下来的一角，庭内的山石就像是从大山的奇峰剪下来的一片，无论大小，园林山水都显得自然。春天的花瓣和秋天的月光洒在悠闲的庭院之中，硕大的芭蕉叶和残败的荷叶在雨中发出声响，有形的景致与无形的感观阴阳互生。桃花和柳枝挂着露珠，兰花和桂花吐出芬芳，秋菊和冬梅披上薄霜，四季的景致各有不同。在小小的庭园中，随着游步的移动，园景跟着变化，真是别有一番情趣，另有一片天地。疏开的花朵，淡淡的月色，清澈的池水，古朴的山石，小巧的园桥，雅致的厅堂，花香飘溢，鸟鸣清脆，云动影随，树影如图，风声阵

佳趣盎溢

阵，水声潺潺，实景与虚景交织成趣，诗情画意的园林景观生生而出。在园林中赋诗作词，度曲听戏，观赏池中的鱼，坐在亭里观月。触景生情，心目欢畅，令人陶醉。在园林里，真是令人感到心情舒畅和快乐。

中国园林之所以具有绝好的景致，是因为它蕴含了大自然山水的灵气，四季变化的景象，亭台楼阁的秀美，诗情画意的意境，人与自然和谐的境域。中国园林巧妙地创造出园内园外景致的相互因借，构筑大小比例相互适宜的景观，宛若神来之笔，意趣横生，引人入胜！驻足于园林的

亭榭之中，徘徊于山林和池水之上，俯仰于清风明月之间，留恋园景风光，饶有情趣的体验油然而生，禁不住吟咏诗句，抒发胸臆，挥笔成联，增加园景的意境，岂不是很快乐的事情吗？虽然园林建在市井之中，却可以使人心远清悠，以物托情，陶冶情操，顺心合意的快乐，达到悠然自得，返璞归真的境界。

中国古代的圣贤和哲人都与自然山水心性相通，游艺于山水的情趣之中。老子说："人取法于地，地取法于天，天取法于道，道取法于自然。"庄子说："无论是山林，或是旷野，这些都使我感到无限欢乐啊！"孔子说："智慧的人喜乐于水，仁爱的人喜乐于山。"顺应自然万物，心志系与山林，守德而映于物外，空明而感悟天地，以大自然的美妙来熏陶心灵，这些是中华文化的根基，是中国人文精神的依托。天地山川的气质，幽远深邃的意境，天人合一的理趣，生命

不息的情怀，是中国园林所具有的本质内涵。园林宛若人间天堂，使人逍遥徜徉，愉悦性情，抒怀畅神，慰藉心灵，游心于高洁而淡泊的境域之中。

到园林中去吧，在这里可以与天地成为相知者，可以与山水成为相恋者，可以与风月成为相伴者，可以与情感思绪成为相随者，可以与心灵成为相映者。园林也是人的精神家园，它可以使人的心灵回到本真：回归于自我，回归于自然，回归于自由，回归于自安！身心投入到园林之中，

人外之清遊

可以体悟到时空的广阔和悠远，可以感受到天地的宏大和奇妙，可以享受到生命的活力和生机。不仅可以悠游于园内的天地，更可以超越园林的边界，使心神畅游于园外的世界。以上所有这些独特的品质使得中国园林艺术魅力无穷，生命精神永存！

二零一八年一月，岁在丁酉仲冬，撰文于上海知然居。二零一九年四月，岁在己亥暮春，定稿并书于美国。

治园道人　陈劲

注释

Annotation

1. 园林：园林这个词是中国特有的一个名词，含义主要包括花园、庭院、公园。它不含所属性质，即无论是皇家园林、私家园林或是寺观园林等，都可称作园林。“园”字的本意是指四周有篱笆，中间有池塘，池北边有屋宇，池南边有花木果菜的一块地方。园，可谓一片自给自足或休闲游赏的天地。“林”意指一片树木。据现存史料记载，“园林”一词最早见于东魏杨炫之的《洛阳伽蓝记》中，“司农张伦等五宅……唯一伦最为豪侈……园林山池之美诸王莫及”。之后，各朝著述中也有用到，特别是在中国第一部造园理论著作，明朝造园家计成在《园冶》一书中写道：“园林巧于因借，精在体宜。”历史上表示园林含义的用词有许多，比如“囿”“苑”“园池”“山池”“园亭”“园圃”“山居”“山庄”“别业”“草堂”“林园”“林泉”等等。虽然它们的含义不尽相同，但总体来说，都表示园林。

2. 台榭：“积土高而为台，台上筑屋为榭。”台，由土构筑且坚实的四方形高台；榭，建造在高土台上的敞屋。古时最初用于登高以观天象，通神明。自秦朝以后，台榭常用于游憩游乐。《史记·苏秦列传》：“秦城，则高台榭，美宫室，听竽瑟之音。”

3. 夏桀瑶台：夏朝的最后一个君主履桀（约公元前 1600 年）建造台榭，开先秦古典园林筑台榭之先河。《竹书纪年》记载，履桀“筑倾宫，饰瑶台，作琼室，立玉门”。

4. 商纣鹿苑： 商朝最后一个国君纣王（约公元前1100年）在沙丘（今河北广宗地区）建苑囿宫室，收狐鹿、野马、飞鸟于其中用于娱乐。《史记·殷本纪》:“(纣王）好酒淫乐，益收狗马奇物，充物宫室，益广沙丘苑台，多取蜚鸟置其中。大冣乐戏于沙丘……”

5. 周王灵囿： 周文王（约公元前1000年）自西岐迁丰（今河南洛阳地区），建造灵台、灵囿、灵沼，游乐其中。《诗经·大雅·灵台篇》:“经始灵台，经之营之；庶民动之，不日成之。经始勿亟，庶民子来；王在灵囿，麀鹿攸伏。麀鹿濯濯，白鸟翯翯；王在灵沼，于牣鱼跃。”灵囿面积很大，“文王之囿方七十里，刍荛者往焉，雉兔者往焉”(《孟子》)，里面包括：灵台和灵沼。不仅供畋猎之用，也是欣赏自然景物的一个场所。囿，是中国最早作为游憩生活的境域。《周礼》:“囿人掌囿游之善禁，牧百兽。”囿，到秦汉时称作苑或园池。

乾坤

苑囿成为中国古典园林的最初形式。

6. 楚之章华：楚国楚灵王（公元前535年）在蓉城国（今湖北监利县，洞庭湖北面）建章华宫和章华台，规模宏大，台高15丈，广15丈，高台半入云，巍峨若小山，被誉为“天下第一台”。

7. 吴之姑苏：春秋时期，吴王阖闾（公元前504年）开始建造姑苏台和长洲苑（今江苏苏州）。《越绝书》：“阖闾起姑苏台，三年聚材，五年乃成。高见三百里。”《述异记》载：“吴王夫差筑（扩建）姑苏之台，三年乃成。周旋诘屈，横亘五里，崇饰土木，殚耗人力，宫妓数千人。上别立春霄宫，为长夜之饮，造千石酒盅。夫差作天池，池中造青龙舟，舟中盛陈伎乐，日与西施为水嬉。吴王于宫中作海灵馆、馆娃阁，洞沟玉槛，官之楹槛，珠玉饰之。”

8. 秦汉上林苑：秦始皇建苑囿上林苑和阿房宫（公元前 212 年），秦朝灭亡之后不久，汉朝武帝在秦的旧苑上加以扩建上林苑（公元前 138 年），使其成为一座空前宏大的皇家苑囿。《中关记》："上林苑门二十，中有苑三十六，宫十二，观三十五。"《汉书》："武帝建元三年开上林苑……广长三百里，离宫七十所，皆容千乘万骑。"上林苑内建有皇城未央宫和离宫建章宫。建章宫内有二十六殿，西北部有著名的太液池，池周回千顷，池中有三神岛（三仙山）：蓬莱、方丈、瀛洲。传说出自《山海经》，其记述，海上有三座仙山，蓬莱、瀛洲、方丈，山上有仙境，有长生不老药。汉武帝建太液池，筑三仙岛，象征海中三神山，期盼自己能长生不老。自此之后，"一池三山（岛）"的园林格局便成为古典皇家园林中常出现的形式，寓意"人间仙境"。上林苑不仅规模宏大巨丽，园林山水丰富多彩，而且游乐功能繁复，包括传统的"六艺"活动（礼仪、音乐、射箭、驾马、文书、理数）。西汉文学家司马相如在其《上林赋》中对上林苑作了精彩的描述和颂扬，虽有文学

夸张之处，但可使人感受到上林苑的恢弘和多彩。汉上林苑也成为中国历史上规模最大、功能最全、景致最壮观的集皇宫苑囿于一体的园林之一。

9. 魏晋芳林园、华林园、仙都苑：三国时期魏文帝（196 年）在洛阳东北隅建芳林园，内有天渊池和景阳山。天渊池上可以泛舟，并有水戏（吐水、水上杂技）之作即“鱼龙曼衍之技”，亭榭楼馆临水而设，景阳山上置五色大石，松竹杂木善草于山上。东晋中期（347 年）后赵石虎在芳林园的旧址上修建宏大的华林园，筑九华台、清凉殿、钓台殿、虹霓阁、露寒馆和飞阁等，在水中筑蓬莱山和仙人馆，在园内有景阳山，山之东有羲和岭，山之西有姮娥峰，山之北有玄武池，山之南有百果园，整个园林以池山胜名。北齐后主高纬在武平四年（573 年）又在华林园的基础上扩建并改名仙都苑，穿池成四个水域象征四海，堆筑五岛象征五岳，布置观、堂、

楼、殿于池岸，山水宫苑穷华极丽。

10. 隋唐西苑、曲江池、华清宫：隋炀帝杨广于大兴元年（605年）夏五月在洛阳筑西苑，周二百里，苑内控湖堆山，周十余里，其中有方丈、蓬莱、瀛洲诸山，上有习灵台、总仙宫、风台月观等殿阁，湖北有龙鳞渠和十六院，置名花异草，架桥构亭，穿池养鱼，泛舟画舸，采菱游春，一派北国江南的美丽景象，融于湖山仙境般的宫苑之中。唐玄宗李隆基（713年）在长安城东南隅营建曲江池及芙蓉园。曲江池原本是旷野中一个大池塘，因"其水曲折，有似广陵之江，故名之"(《太平寰宇记》)。秦、汉、隋朝帝王均将曲江作为郊游苑，到这里游乐。唐朝

对曲江进行了整治和扩建，规模达周长七里，占地十二顷。池水曲折优美，两岸楼馆起伏，景色绮丽动人。唐朝诗人卢纶对曲江美景有绝妙的写照："菖蒲翻叶柳交枝，暗上莲舟鸟不知。更到荷花最深处，玉楼金殿影参差。"从唐贞观十八年（636年）开始到唐天宝六载（747年）间，唐朝帝王于陕西临潼骊山之麓，在原来周朝的骊山宫、秦朝的汤泉、汉隋时期的汤泉宫基础上营建华清宫。华清宫以温泉著称，唐太宗时期扩建至三十余所汤池，最著名的是御汤九龙殿莲花池和七圣殿芙蓉池（又名海棠池，俗称为杨妃赐浴汤）。华清宫制作宏丽精绝，红楼绿阁，雕梁画栋，映衬在苍松奇柏和翠竹桐花之间。

11. 北宋艮岳：宋徽宗赵佶从政和七年（1117年）开始在汴梁（今河南开封）西北隅兴建大型苑囿——艮岳。筑山石池沼，构亭阁楼观，置奇树异花，历时六年多建成，初称为万岁山，后改称艮岳，山形似余杭（今杭州）的凤凰山。宋徽宗本人亲作《艮岳记》，可知赵佶对这座园林的重视和欢喜程度非常之大。"寿山巍峨，两峰并峙，列嶂如屏。瀑布下入雁池，池水清泚涟漪，凫雁浮游水面，栖息石间，不可胜计"，"祈真之嶝，揽秀之轩，龙吟之堂，清林修出"(《艮岳记》)。艮岳的建造基本是按图施工的，《艮岳记》

中说："太尉梁师董其事……随以图材付之，按图度地……"宋徽宗本人又是一位画家，艮岳按图施工，也就是根据造景的构想，随形而设，安排山水和建筑，可以说是一个"立体的山水画"创作，完全是以徽宗赵佶的"放怀适情，游心玩思"之构想图而建造的一座宫苑。艮岳园林的最胜之处在掇山理水，达到了山水画的意境。峰岫叠嶂，涧壑幽谷，水源石脉，殿馆倚翠，繁木茂草，无不绮丽奇秀，好似一座"天造地设"的山水宫苑。

境界

12. 南宋西湖：由远古的一片浅海湾变成的潟湖，直到秦汉时期的武林水，再到隋唐时期的钱塘湖，终到宋朝的西湖，这一片秀水成为杭州的一颗璀璨的明珠。西湖三面环山，有天竺山、凤凰山、吴山和宝石山等诸山。唐朝诗人白居易深爱西湖，写《钱塘湖春行》表达其胸臆："孤山寺北贾亭西，水面初平云脚低。几处早莺争暖树，谁家新燕啄春泥。乱花渐欲迷人眼，浅草才能没马蹄。最爱湖东行不足，绿杨阴里白沙堤。"北宋诗人苏东坡更是把西湖比作西施，美到极致，《饮湖上初晴后雨二首·其二》："水光潋滟晴方好，山色空蒙雨亦奇。欲把西湖比西子，淡妆浓抹总相宜。"到南宋时期，闻名江南的"西湖十景"已基本形成，它们是：苏堤春晓、断桥残雪、曲院风荷、花港观鱼、柳浪闻莺、雷峰夕照、三潭印月、平湖秋月、双峰插云、南屏晚钟。这"十景"宛若十颗"珍珠"镶嵌在西湖的山水之中，娟秀而雅致。

13. 元大都太液池、琼华岛：元朝帝王（1271 年）在金朝宫城的基础上建大都（今北京城），成为自唐长安之后，平原上新建的最大的都城。元大都皇城（后为明朝紫禁城）西面是金朝遗留下来的太液池（又称海子，今北海和中海），池中有三岛：北海内的琼华岛（又称万岁山）和团城岛，中海内的犀山台岛。规制沿用了帝王苑囿的“一池三山”模式。琼华岛是其中最大的岛，是仿北宋汴梁的艮岳而建造的。岛由土石筑成，上建有广寒殿、荷叶殿与延和殿等建筑，这里是元朝帝王举行盛典的主要场所。琼华岛与太液池山水相映，殿阁浮盈，松柏隆郁，杨柳垂荫，一排好风光。有诗句：“广寒宫殿近瑶池，千树长杨绿影齐。”太液

池经过明清两朝的营建，成为今日的中海、南海和北海于一体的北京城中心的主体园林风光，琼华岛则是其中最耀眼的一颗明珠。

14. 明清北京三山五园：自元朝开始，帝王就在北京的西郊建行宫和郊苑。经过明清两朝的营建，中国皇家园林出现了造园高峰。位于北京城西北隅的香山、玉泉山和万寿山构成了“三山”，静宜园、静明园、颐和园、圆明园和畅春园，则组成了“五园”。“三山五园”部分留存至今，它们是中国皇家园林的代表，使人们可以窥见中国帝王苑囿和造园艺术昔日的辉煌。

香山静宜园：清康熙年间在香山寺及其附近建成香山行宫，乾隆十年（1745 年）扩建并易名为静宜园。这是一座利用自然山林营建的苑囿，占地约 2300 亩，园内有大小建筑群五十余处，御题景点有二十八处，称为“二十八景”。园中的“见心斋”庭园是一处园中之园，别有洞天，而“西山晴雪”则为著名的“燕京

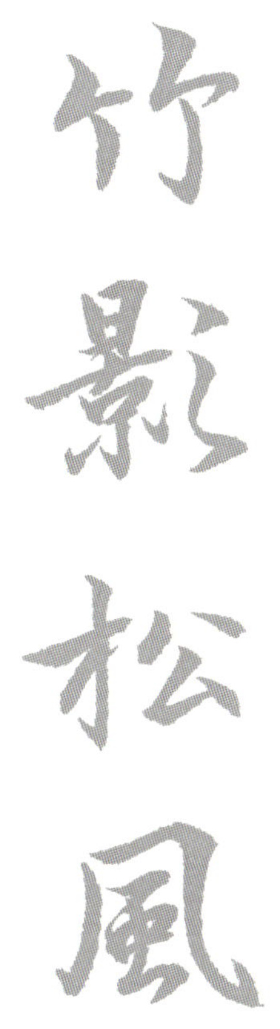

八景”之一。整体环境以山林涧壑为主，庭园楼馆点缀其间，环境幽雅，极富野趣。今日为香山公园。

玉泉山静明园：玉泉山自金、元朝以来就是“燕京八景”之一，名曰“玉泉垂虹”。清康熙十九年（1680 年）在此建行宫，初名澄心园，1692 年更名为静明园。乾隆年间扩建并形成“静明园十六景”，其中“玉峰塔影”“裂帛湖光”和“玉泉趵突”景点饮誉京都。

万寿山颐和园：明朝开始在北京西北郊的翁山之麓，西湖之畔修建行宫。清乾隆十五年（1750 年）开始拓挖西湖，并将西湖更名为昆明湖。随后于乾隆二十九年（1764 年）建成清漪园，并在昆明湖及西侧湖内筑三个小岛：南湖岛、团城岛和藻鉴堂岛，以寓意“海上三仙山”：蓬莱、方丈和瀛洲。借鉴杭州西湖和江南园林山水名胜，构建庭园、楼阁、水街、长堤、拱桥等。清光绪年间，将清漪园作为离宫，改名为颐和园。整体格局以万寿山和昆明湖为主体，佛香阁为中心，形成了一座气势恢宏的皇家山水园林。

畅春园：畅春园是 1684 年清朝康熙南巡回京城后，在原来明朝“清华园”的遗址上仿江南山水建造的一座园林。占地约 900 亩，总体风格近似雅致的江南园林，以山水树木为主，亭轩楼馆不上彩绘，体量小巧，隐于园林之中。现今此园已不复存在。

圆明园：清康熙四十八年（1709 年）开始建造圆明园，之后经雍正、乾隆和嘉庆三朝的扩建，形成了最宏伟而鼎盛天下的圆明三园，即圆明园、长春园和绮春园。总占地面积约 5000 亩，共

有一百五十余景点，被誉为“万园之园”！园内最突出的有“四十景”，并受乾隆旨意，由宫廷画师工笔彩绘成图，集成《四十景图》和配诗成册为《圆明园图咏》。圆明园四十景是四十处别具风格的园林风景，是名副其实的“园中园”。圆明园是人间阆苑，是中国造园艺术的集大成者，是“一切造园艺术的典范”，是“理想与艺术的典范”（法国作家雨果语）。而令人无比痛心的是，在1860年秋，圆明园被英法联军洗劫和焚毁，如今已成一片废墟，绝大部分遗址已荡然无存。

15. 承德避暑山庄：河北承德地名在1733年因清朝雍正十一年设承德州才

殊勝

得名，而后因避暑山庄而知名。这里最初是清政府的木兰围场，之后成为行宫。经康熙、雍正和乾隆三代帝王历时 89 年营建，承德避暑山庄成为留存至今国内最大的一座帝王山水宫苑。总面积约 8000 亩，山庄分为宫殿区、湖泊区、平原区和山峦区四大部分，以远岫遥岑、山色入湖、树木晻蔼等自然美景为主，随形随景布置有殿斋亭榭，长堤廊桥穿插于其间，形成了各具特色的“三十六景”，山庄巧于因借周围的山水，融合南北园林之精华，兼具幽秀与旷逸的意境，风格朴真淡雅，绕有自然野趣，宛若一座“天人合一”的“世外桃源”。

16. 西汉董贤宅园：西汉驸马都蔚董贤在汉长安城北阙下治大宅邸，引王渠灌园池于中庭，养雁数十只，其宅园有楼馆台榭，嘉木树庭，山林曲水，园池涟漪，雕丽自然，在历史上是较为著名的士大夫私家园林。

17. 西晋石崇金谷园：西晋世家大族石崇在洛阳郊外营建金谷园别业，娱目欢心，笃好放逸。金谷园规模很大，园林与宅邸结合，河渠环绕其下。有观阁池沼，清泉茂林，金田十顷，屋宇金碧辉煌。“金谷春晴”被誉为“洛阳八大景”

之一。明代诗人张美谷诗曰："金谷当年景，山青碧水长，楼台悬万状，珠翠列千行。"此诗描绘了金谷园当年的华丽景象。石崇于元康六年（约 295 年）在金谷园举行文酒之会，邀请苏绍、潘岳等三十余名士游宴于园中，群贤贲临，列坐水滨，各赋诗以吐中怀。石崇为文会写就《金谷诗序》，名震一时。约在 60 年之后的东晋永和九年（353 年），东晋书法家王羲之在绍兴兰亭举行修禊雅聚，写就流芳千古的《兰亭集序》。自此，"北金谷，南兰亭"也成为历史上的一段趣谈。

18. 东晋顾辟疆之园： 东晋宁康年间，长洲（今苏州）名门顾辟疆修建名园，成为第一座史载苏州私家园林。园以修竹怪石为胜，享誉吴中。史传东晋书法家王羲之的儿子王献之曾闲游至顾辟疆园，入园游赏，指麾好恶，旁若无人。顾辟疆与王献之并不相识，故十分不快，并驱其出门，献之却不以为意。故留下了"看竹不问主人"的佳话韵事。

19. 王维辋川别业： 唐朝诗人画家王维于天宝三年（约 744 年）在陕西蓝田辋川山谷始建辋川别业，一处自然园林式的山墅。王维在此营造别业以突出自然山貌、水态、林姿为重点，随地形和山林

景色布置屋宇亭斋，创造出一个极富自然之趣，又有诗情画意的居住、修身、游赏于一体的境域。辋川别业有二十余景区，王维以《辋川集》

和诗词为人们描绘出一个诗意栖居的世界。辋川别业成为中国山水诗画园林的滥觞。

20. 白居易庐山草堂：唐朝一代诗人白居易笃好山水林泉，在庐山营园置草堂，悠游于山水之间。白居易视庐山为“匡庐奇秀，甲天下山”。其草堂为二室、三间、四牖，傍涧水，临悬瀑，依松涛，环山竹，辟鱼池，面崖石，好一处自然山水意趣的园林山居环境，尽享幽居之美。白居易作《草堂记》，详细记述了草堂的景致，道出了诗人的情趣。

21. 洛阳名园：洛阳自汉、隋、唐朝直至北宋时期一直是一座重要的都城或辅都城，“帝王东西宅，为天下之中。天匠地孕，为花卉之奇”。城郭繁荣，园林兴盛，历朝都有许多贵族官僚在洛阳建宅第园林。北宋文学家李格非撰写的《洛阳名园记》，记述了十九座私家园林，从中可想象出洛阳园林之盛貌。

22. 扬州画舫：扬州，古九州之一，兴于隋朝，盛于唐朝。“十里长街市井连，月明桥上看神仙”（唐张祜），“夜市千灯照碧云，高楼红袖客纷纷”（唐王建），“烟花三月下扬州”（唐李白）。扬州曾有“富庶甲天下”“园林多是宅”和“园林甲江南”之美誉。到明清时期，扬州园林再次复兴，特别是以瘦西湖为中心的湖上园林出现了鼎

盛的局面，“两岸花柳全依水，一路楼台直到山”。扬州是著名的水乡，园林多依水而建，故桥多，船多，堤多，码头多。画舫，是装饰华丽的游船，园林中常有画舫形式的建筑，俗称旱舫。游扬州园林，从水上观赏最有情趣。清朝文学家李斗著有《扬州画舫录》一书，其中记述了不少园林。扬州湖上园林以“扬州二十四景”（又称“北郊二十四景”）最为知名，集中在瘦西湖片区。另有“二十四桥”景致，因得唐朝诗人杜牧诗句“二十四桥明月夜，玉人何处教吹箫？”而名扬海内。“二十四桥”是一座桥还是二十四座桥，不得指明。当然，扬州景观桥绝不止二十四座，因为扬州依水而建，桥自然很多。《梦香词》云：“扬州好，第一是虹桥。扬州

好，画舫是飞仙……人在水云天。”

23. 吴兴莲庄：吴兴（今浙江湖州）园林在南宋时期最兴盛，私家园林有三十余座。南宋词人周密著有《吴兴园林记》。如今，吴兴存留有两处知名的园林：一处是元朝书画家赵孟頫在湖州营建的别业，名为莲花庄，另一处是晚清朝臣刘墉在南浔所营建的私家园林，自名小莲庄。莲花庄早在唐宋时期是一片风光旖旎、名胜一郡的白苹洲。唐朝诗人白居易曾写下《白苹洲五记》。莲花庄以碧水风荷、湖石山林、景色幽艳而迷人，更以赵孟頫的

“松雪斋”遗物而著名。小莲庄，又称刘园，经刘家祖孙三代四十余年的营建，成为晚清时期一座重要的私家园林。园林分为内、外两园，内园以假山为主，山林茂盛。外园以荷塘为中心，环池布置曲廊、水榭、亭阁，步移景异，独具匠心。

24. 上海豫园：豫园以园林建筑和山石取胜，是沪上名园、著名江南古典园林、闻名中外的名胜古迹。始建于明朝嘉靖三十八年（公元 1559 年）。园主人潘允端经过二十余年的苦心经营，建成豫园，以让其父潘恩安享晚年。“豫”与“愉”意义相通，有“愉悦”“平安”“安泰”之意，取名“豫园”，有“愉悦老亲”的意思。豫园当时占地七十余亩，由明代造园名家张南阳设计，并亲自参与施工。古

人称赞豫园“奇秀甲于东南”，“东南名园冠”。建园之后的四个多世纪中，豫园饱经沧桑，屡遭破坏。在 20 世纪 50 年代和 80 年代，政府分别对豫园进行过修复和修缮。园林现占地三十余亩，分为六个景区：三穗堂景区、万花楼景区、点春堂景区、会景楼景区、玉华堂景区和内园景区，以江南园林风格及手法构筑，形成了亭台楼阁、轩榭船舫、廊桥池塘、假山名石、园中有园的格局。主要景点包括三穗堂、仰山堂、大假山、万花楼、点春堂、会景楼、九狮轩、玉华堂、得月楼、涵碧楼、流觞亭、亦舫、积玉水廊、穿云龙墙、古戏台和玉玲珑太湖石等，以及古树名木二十余株。

25. 姑苏沧浪：苏州现存历史最悠久的园林是沧浪亭。北宋文学家苏舜钦于庆历四年（1044 年）在姑苏城（今苏州）建沧浪亭，园名取《楚辞·渔父》“沧浪之水清兮，可以濯吾缨；沧浪之水浊兮，可以濯吾足”之意。苏舜钦自号“沧浪翁”，并作《沧浪亭记》。沧浪亭沿河而建，园林与城曲以一桥相连，相映成趣。沿河而筑的复廊及花窗，将园景与市景融为一体。花窗纹饰多变、构图精巧，为苏州园林一绝。园内主要景致有沧浪石亭、面水轩、仰止亭、瑶华境界、看山楼等。

26. 网师园：南宋侍郎史正志于淳熙初年（1174 年）在此建楼筑园，有藏书楼名万卷堂，花园称“渔隐”。清朝乾隆时（约 1765 年），长洲宋宗元在故址上重治别业，建有二十景，续托渔隐之意，又因园林坐落于王思巷，故取名为“网师小筑”，后为“网师园”。园林虽小，而有纡行不尽之感，小巧雅致，以少胜多。主要景致有万卷堂、濯缨水阁、风到月来亭、竹外一枝轩和殿春簃庭院等。

27. 狮子林：始建于元朝至正二年（1342 年），初名狮子林寺，后由寺院变为私家园林。取“狮子”作名，源于禅师维则倡导于浙江天目山狮子岩，又因园内怪石似狮子形状，又合佛经中佛陀“狮子座”之意。园由高墙峻宇、厅堂楼馆、长廊亭阁构成一方“壶中天地”，又以山环

水绕、高低错落、前后参差、洞壑深幽、石峰奇姿而取胜。元朝画家倪瓒绘有《狮子林图》。园林主要景致有燕誉堂、真趣亭、湖心亭、暗香疏影楼和湖石大假山等。

28. 拙政园：始建于明朝正得四年（1509 年），园主王献臣取园名为“拙政园”得西晋文学家潘岳《闲居赋》“此亦拙者之为政也”之意。全园总面积为 78 亩，以山水为中心，疏朗平野，近乎自然。亭桥堂馆错落有致，园林风貌清秀典雅。共有堂、榭、亭、桥、轩、馆、楼等三十一景，是苏州留存至今最大的古典园林。明朝吴门画派领袖文徵明依园中景物绘图三十一幅，各系以诗，并作《王氏拙政园记》。今日拙政园胜景有远香堂、小飞虹、香洲画舫、梧竹幽居、枇杷园、三十六鸳鸯馆、见山楼等。

29. 留园：明朝万历二十一年（1593 年）徐泰时始建此园，时人称东园。之后几经兴废扩建，屡易园主。清朝乾隆五十九年（1794 年），园归刘恕，并进行较大的改建和扩建，更名为寒碧山庄，俗称刘园。清咸丰十年（1860 年），吴中名园俱遭破坏，唯有此园留存，遂刘园谐音易名为留园。今日留园分为中部山水、东部庭院、北部田庄、西部山林四大景区，总面积 35 亩，是一座大型苏州古典园林。全园以丘壑莽峥、楼宇奇美、曲廊通幽、庭院深深、奇石俊秀、花木蓊然而名胜吴中。主要园景有明瑟楼、涵碧山房、曲谿楼、五峰仙馆，以及冠云峰、瑞云峰、岫云峰三座天下奇石峰。

30. 艺圃：始建于明朝嘉靖年间

境不止

（约 1541 年），初名“醉颖堂”。明万历末年（1620 年），文徵明曾孙文震孟得此园并名为“药圃”。后清朝年间园主将园更名为“艺圃”。园虽小巧，却蜗庐成趣，景致疏朗自然、山光水影、层次丰富、园中有院，极富山水之韵。清朝画家王翚作有《艺圃图》。园林主要景致有博雅堂、延光阁（苏州园林中最大的水榭）、乳鱼亭、渡香石曲桥等。

31. 耦园：始建于清朝初年间，园主陆锦所筑“涉园”，取南北朝诗人陶渊明《归去来兮辞》“园日涉以成趣”之意。清朝同治十三年（1874 年），沈秉成得此园在旧址上进行修正扩建，并将园名改为“耦园”，寓意其与爱妻严永华“耦耕”于园、偕隐双栖、啸吟终老之意。耦园紧临苏州护城河，三面临水，可以画舫入园。园林分为东、西两园，东园以山水亭台为主，西园以书楼庭院为

主。在山水、建筑、花木配置上着意突出夫妻双双隐居城曲的浪漫主题。主要景致有城曲草堂、吾爱亭、山水间、黄石假山、织帘老屋、藏书楼等。

32. 环秀山庄：此地有千年的历史，东晋时为王珉住宅，五代时为钱元璙金谷园，宋朝时为文学家朱长文的乐圃，并著有《乐圃集》和《乐圃记》。清朝嘉庆年间（约 1807 年），清朝大臣孙士毅之孙孙均请叠山大师戈裕良在园内叠湖石假山一座，所谓“奇礓寿藤，奥如旷如”者也。之后，园主汪氏在道光年间（约 1842 年）重修花园，筑厅堂、亭廊和池沼环于假山，并署其堂曰环秀山庄，从此园林一直沿用此名，名胜吴下。园林中最著名的景致是太湖石假山。山体不大，却创造出峰峦峭立、洞涧空灵、万壑叠嶂的自然山势，并有石峰、绝壁、山谷、山洞、石梁、石径、石室等山石景观。整个假山成为中国园林中太湖石叠山的绝伦之作，可谓天下第一湖石假山！山庄园景也丰富多彩，堂、楼、廊、亭、山房等环绕山池而构，互成对景，步移景异，庆赏无厌。

滿園春色皆如畫
小庭夏蔭透淡香
一池秋水迎月夜
半樹冬影照粉墻

書卷氣息

附录

The Calligraphy of the Ode on the Chinese Garden

《园林赋》书法册页

暮春定稿並書於美國

治園道人陳勁

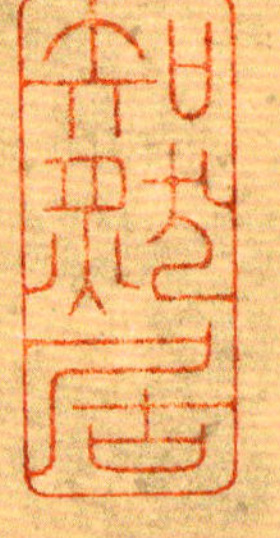

暮春，定稿並書於美國

治園道人陳勁

無窮之所在生命精神

之所存也

二千十八年元月歲在丁酉仲冬撰文於

海上知然居二千十九年四月歲在己亥

無窮之所在，生命精神之所存也！

二零一八年元月歲在丁酉仲冬，撰文於海上知然居。二零一九年四月歲在己亥

之悠曠天地之壯美生命之不息無拘園界遊目騁懷心怡超越凡此诚乃中華園林藝術魅力

之悠曠，天地之壯美，生命之不息。無拘園界，遊目騁懷，心怡超越。凡此誠乃中華園林藝術魅力

園使心靈得以回歸迴歸
於自我回歸於自然迴
歸於自由迴歸於自安
身心於園林可體悟時空

園，使心靈得以回歸：回歸於自我，回歸於自然，回歸於自由，回歸於自安！身心於園林，可體悟時空

園林與天地相知
與山水相依與風月相
伴與情思相隨與心靈
相映園林乃精神之家

園林與，則與天地相知，與山水相依，與風月相伴，與情思相隨，與心靈相映。園林乃精神之家

園林之英淂其質也人
閒闤苑逍遥徜徉悦
志暢神慰籍心靈做
人外之清遊

園林之英得其質也。人間闤苑，逍遥徜徉，悦志暢神，慰籍心靈，做人外之清遊。

靈毓秀乃中華文化之根本人文精神之所依天地山川幽遠之意人神之道生命情懷

靈毓秀，乃中華文化之根本，人文精神之所依。天地山川，幽遠之意，人神之道，生命情懷，

使我欣々然而樂與孔
子曰知者樂水仁者樂
山順物自然遂志山林
含道暎物澄懷味象鐘

使我欣欣然而樂與。」孔子曰：「知者樂水，仁者樂山。」順物自然，遂志山林，含道暎物，澄懷味象，鐘

先賢哲人無不在乎山
水靈趣老子曰人法地
法天天法道道法自然
莊子曰山林與臯壤與

先賢哲人無不在乎山水靈趣。老子曰：「人法地，地法天，天法道，道法自然。」莊子曰：「山林與，臯壤與，

聯增色意境豈不樂哉
結廬人境清遠閑放養
心任物陶冶情操適意為
悅終優遊以養拙

聯，增色意境，豈不樂哉？結廬人境，清遠閑放，養心任物，陶冶情操，適意為悅，終優遊以養拙。

盤桓於園林亭樹之中，倡徉於山石池沼之上，俯仰於清風明月之間，流連光景，佳趣盎溢，題詠匾

其含蘊山水之氣四時之
變亭臺之美詩畫之意
天人之合巧於因借精
在體宜真趣猶存矣

其含蘊山水之氣，四時之變，亭臺之美，詩畫之意，天人之合。巧於因借，精在體宜，真趣猶存矣！

诗度曲觀魚濠上盈亭
皓月觸情俱是醉人心目
賞心樂事在庭園
中華園林之殊勝在于

詩度曲，觀魚濠上，盈亭皓月，觸情俱是，醉人心目，賞心樂事在庭園。中華園林之殊勝，在於

清石樸橋巧室雅花香
鳥語雲影樹影風聲水
聲寔景虛景交織成趣
詩情畫意盎然而生賦

清、石樸、橋巧、室雅，花香、鳥語、雲影、樹影、風聲、水聲，實景虛景交織成趣，詩情畫意盎然而生。賦

柳含露蘭桂吐芳菊
梅負霜四時之景皆不
同咫尺園林步移景異
別有洞天花疏月淡水

柳含露，蘭桂吐芳，菊梅負霜，四時之景皆不同。咫尺園林，步移景異，別有洞天。花疏、月淡、水

峯剪片山小中見大貴
自然春花秋月洒閑
庭蕉葉殘荷留雨聲
有形無形予陰陽桃

峰剪片山，小中見大貴自然。春花秋月灑閑庭，蕉葉殘荷留雨聲，有形無形予陰陽。桃

枝窗外踈影斜藏景露
景耐尋味月到風来池
亭上虛實相生現空灵
萬頃湖水裁一角千仞奇

枝窗外疏影斜，藏景露景耐尋味。月到風來池亭上，虛實相生現空靈。萬頃湖水裁一角，千仞奇

曠如於有致假山樓閣竹影松風造景借景兩相宜山亭柳梢小橋岸磯仰觀俯觀隨景移一

曠如於有致。假山樓閣，竹影松風，造景借景兩相宜。山亭柳梢，小橋岸磯，仰觀俯觀隨景移。一

迎月夜半樹冬影照粉
墻廊引人隨憑欄待月
動觀靜觀景自出幽
溪曲徑平湖廣樹奥如

迎月夜，半樹冬影照粉牆。廊引人隨，憑欄待月，動觀靜觀景自出。幽溪曲徑，平湖廣樹，奥如

之一空亭一雅院承攬

山水之韻致風月之萬象

滿園春色皆如畫小庭

夏蔭透淡香一池秋水

之一空亭，一雅院，承攬山水之韻致，風月之萬象。滿園春色皆如畫，小庭夏蔭透淡香；一池秋水

幽明淡雅書卷氣息
不涉園林怎知意趣如
許真景物真情感真
境界中華園林俱而有

幽明淡雅，書卷氣息。不涉園林，怎知意趣如許！真景物，真情感，真境界，中華園林俱而有

藕園兩園相映山亭崢嶸

環秀山莊奇礓岑崟妙

趣天成遺存二十余蘇

州宅園盡顯小巧玲瓏

藕園，兩園相映，山亭崢嶸。環秀山莊，奇礓岑崟，妙趣天成。遺存二十餘蘇州宅園，盡顯小巧玲瓏，

亭閣溪環石映拙政園
山池環宇疏朗有致留
園曲廊通幽庭峰竦秀
藝圃廣樹曲院山水雅靜

亭閣，溪環石映。拙政園，山池環宇，疏朗有致。留園，曲廊通幽，庭峰竦秀。藝圃，廣樹曲院，山水雅靜。

天下蘇州園林甲江南

滄浪亭石亭廊窗古木

碕岸網師園水閣竹軒

小巧精雅獅子林真趣

天下，蘇州園林甲江南。滄浪亭，石亭廊窗，古木碕岸。網師園，水閣竹軒，小巧精雅。獅子林，真趣

畫山水園林之鼻祖洛
陽名園西湖十景揚州畫
舫吳興蓮莊滬上豫園
姑蘇滄浪江南園林甲

畫山水園林之鼻祖。洛陽名園，西湖十景，揚州畫舫，吳興蓮莊，滬上豫園，姑蘇滄浪。江南園林甲

悠然自樂大唐詩畫興
盛造園初淂詩情畫意
王維之輞川別業白居易
之廬山草堂乃文人詩

悠然自樂。大唐詩畫興盛，造園初得詩情與畫意。王維之輞川別業，白居易之廬山草堂，乃文人詩

枕石漱流高蹈遁世蘭
亭雅集曲水流觴右軍
作序暢叙幽情陶潛归
田静念園林采菊東籬

枕石漱流，高蹈遁世。蘭亭雅集，曲水流觴，右軍作序，暢敘幽情。陶潛歸田，靜念園林，采菊東籬，

東晉顧辟疆之園修竹怪
石池館山林名勝吳中魏
晉風流棲遲丘壑心寄玄
遠至樂樸真竹林七賢

東晉顧辟疆之園，修竹怪石，池館山林，名勝吳中。魏晉風流，棲遲丘壑，心寄玄遠，至樂樸真。竹林七賢，

賢之宅園山池樓臺窮
盡雕麗西晉石崇之金
谷園泉流石注茂林繁
花亭臺樓閣極盡奢華

賢之宅園，山池樓臺，窮盡雕麗。西晉石崇之金穀園，泉流石注，茂林繁花，亭臺樓閣，極盡奢華。

有園薈萃南北園林之
英華
士大夫營造庭園開私
家園林之先河西漢董

有園，薈萃南北園林之英華。
士大夫營造庭園，開私家園林之先河。西漢董

靜宜園玉泉山靜明園萬壽山頤和園圓明園暢春園又承德避暑山莊移天縮地大中見小園中

靜宜園、玉泉山靜明園、萬壽山頤和園、圓明園、暢春園，又承德避暑山莊，移天縮地，大中見小，園中

景秀水光山色名天下
元大都太液池瓊華島
環池宮觀岧嶢璀璨明
清北京三山五園香山

景秀，水光山色名天下。元大都太液池瓊華島，環池宮觀，岧嶢璀璨。明清北京三山五園：香山

而不绝北宋艮嶽天造
地設奇石異花古今之
勝擬入山水畫中行南
宋西湖十景似珠形勝

而不絕。北宋艮嶽，天造地設，奇石異花，古今之勝，擬入山水畫中行。南宋西湖，十景似珠，形勝

有若人間之仙境隋唐
西苑曲江池華清宮風
亭月觀流泉曲水驪宮別
館嵯峨金闕華殿相望

有若人間之仙境。隋唐西苑、曲江池、華清宮，風亭月觀、流泉曲水，驪宮別館，嵯峨金闕，華殿相望

池三山興六藝於一圃魏晉芳林園華林園仙都苑五色景陽九華台閣五嶽四海水殿雲樓

池三山，興遊六藝於一圃。魏晉芳林園、華林園、仙都苑，五色景陽，九華臺閣，五嶽四海，水殿雲樓，

臺商紂鹿苑周王靈囿

楚之章華吳之姑蘇是

帝王苑囿之濫觴也秦

漢上林苑建章宫宇一

臺，商紂鹿苑，周王靈囿，楚之章華，吳之姑蘇，是帝王苑囿之濫觴也。秦漢上林苑，建章宫宇，一

集大成之體現者也猗與

休哉

始於臺榭以窺天鑒地崇

拜山嶽溝通天人夏桀瑤

集大成之體現者也。猗與休哉！始於臺榭，以窺天鑒地，崇拜山嶽，溝通天人。夏桀瑤

之菁華何以言之其雖由
人作宛自天開也詩情畫
意境界至高也壺公天地
蘊涵乾坤也中華藝術

之菁華。何以言之？其雖由人作，宛自天開也；詩情畫意，境界至高也；壺公天地，蘊涵乾坤也；中華藝術

兮而境不止言雖盡兮

而意無窮

中華園林三千年史道法

自然生生不息世界園林

兮而境不止，言雖盡兮而意無窮！

中華園林，三千年史，道法自然，生生不息，世界園林

作斯賦以覽其淵源之
流長述其品類之繁
盛觀其意趣之精妙詠
其生機之高玄景雖出

作斯賦，以覽其淵源之流長，述其品類之繁盛，觀其意趣之精妙，詠其生機之高玄。景雖出

華之古文詩詞文辭
清绝語韻優美言簡
意深園林得詩文而意
彰故余特以古诗文遂

華之古文詩詞，文辭清絕，語韻優美，言簡意深。園林得詩文而意彰，故余特以古詩文遂

林之精雅與意趣究園史
談風月樂造園賞題詠
楹聯之抒情與繪景
欣於所遇盎然自足中

林之精雅與意趣。究園史，談風月，樂造園，賞題詠楹聯之抒情與繪景，欣於所遇，盎然自足。中

園林賦

余久資園林業遊未倦心存山水頤情志於中華園林之藝事暢懷于園

園林賦

余久資園林，業遊未倦，心存山水，頤情志於中華園林之藝事，暢懷於園

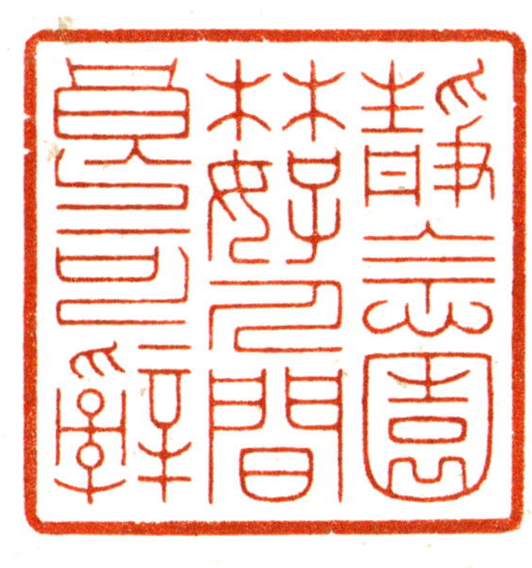

園林賦

道法自然

图书在版编目(CIP)数据

园林赋/(美)陈劲著.—上海:上海人民出版社,
2019
ISBN 978-7-208-15939-6

Ⅰ.①园… Ⅱ.①陈… Ⅲ.①古体诗-诗集-美国-
现代 Ⅳ.①I712.25

中国版本图书馆 CIP 数据核字(2019)第 132344 号

责任编辑 刘华鱼
封面设计 一本好书
特约编辑 苏贻鸣
本书封面、扉页题字,正文书法,插图,均为作者原创。
封面图片 清·郎世宁"乾隆皇帝阅骏图"

园林赋
[美]陈劲 著

出　　版 上海人民出版社
　　　　(200001 上海福建中路 193 号)
发　　行 上海人民出版社发行中心
印　　刷 上海雅昌艺术印刷有限公司
开　　本 889×1194 1/16
印　　张 7.75
插　　页 4
字　　数 85,000
版　　次 2019 年 9 月第 1 版
印　　次 2019 年 9 月第 1 次印刷
ISBN 978-7-208-15939-6/I·1833
定　　价 98.00 元